NOTICE

EXPLICATIVE

DES TABLEAUX

EXPOSÉS

AU DIORAMA.

DU DIORAMA.

L'Art de reproduire dans de grandes proportions les aspects de la nature et les monumens pittoresques, semble avoir été ignoré de nos pères. Quelques tableaux exécutés sur de petites échelles, et par conséquent très-inexacts dans les détails de localité et d'architecture, se prêtaient seulement aux illusions de l'optique et donnaient des notions trompeuses aux spectateurs, qui ne pouvaient ensuite les rectifier par la comparaison des objets représentés avec les objets eux-mêmes.

Une invention importante, et qui doit occuper une place mémorable dans l'histoire des arts du dessin, donna à notre siècle, sur celui qui l'avait précédé, cet avantage de pouvoir léguer au siècle à venir un système complet de perfectionnement dans les principes de l'imitation. Cette invention, connue sous le nom de PANORAMA, étonna beaucoup par ses résultats séduisans; on ne comprit pas d'abord par quel prestige, l'œil attaché sur une surface plane et se portant circulairement sur tous les points de cette surface, trouvait de la profondeur, des divisions de plans, une continuité de lignes et d'effets, et par dessus tout, une vérité frappante dans ce que l'ensemble d'un pays offre d'original, dans ce qu'on pourrait appeler *les habitudes* de telle ou telle nature, *la physionomie* de telle ou telle localité.

Les hommes de l'art furent surpris eux-mêmes des enchantemens que le pinceau avait enfantés par cette réunion de mensonges à la perspective et à la couleur, qui, formant un système d'une foule de déceptions, était parvenue à produire l'illusion du vrai.

La peinture en *Panoramas*, malgré quelques beaux ouvrages accueillis avec enthousiasme par le public, attend encore un artiste qui, renchérissant sur les soins de l'inventeur, apporte au genre le dernier degré de supériorité; supériorité qui ne peut être, comme celle qu'ont acquise tous les arts, que le fruit de longs travaux dirigés par une tête savante. (On ne fait pas ici cette remarque dans l'intention de critiquer les tableaux de monsieur Prévost, dont le nom est environné d'une juste célébrité, et qui a fait peut-être, pour les panoramas, tout ce qu'il y avait actuellement à faire; on ne consigne cette observation que dans l'intérêt de l'art; loin de nous l'idée d'élever par l'injustice, sur les débris d'une réputation méchamment détruite, la réputation d'un établissement qui doit se fonder par son propre mérite. Un moyen de succès aussi indigne, serait d'ailleurs inutile : une chose véritablement recommandable est naturellement recommandée par les amateurs; une chose mauvaise, quelques moyens qu'on ait employés pour la préconiser, quelque trompette dont on se soit servi pour en publier l'excellence, reste mauvaise, et le bon goût en fait justice.)

Aux illussions assurées par le genre du panorama, ajouter les prodiges de l'*animation*, qui n'appartiennent qu'à la mécanique, serait résoudre ce problème dès long-temps proposé, et jusqu'alors demeuré sans solution : trouver et réunir les moyens de rendre, par l'imitation, les aspects de la nature, tels qu'ils se présentent à la vue, c'est-à-dire, avec les impressions des changemens divers qu'y apportent pendant un temps donné, les vents, la lumière, les vapeurs, et leurs modifications.

C'est à la solution de cette grande difficulté qu'ont travaillé les auteurs du DIORAMA. Leur projet n'a point été de reproduire des vues générales, mais seulement des points de vues intéressans, tant pour la mémoire des faits historiques, que pour le pittoresque des situations locales.

Les tableaux qui représentent les aspects choisis par les artistes, sont au nombre de deux. Cette modification au système des panoramas, doit être agréable au public, qui n'estime rien tant que la diversité dans ses plaisirs. Ces deux tableaux sont de genres différens, l'un est du genre *intérieur*, l'autre du genre *paysage*. Ceux qui succéderont aux ouvrages exposés maintenant suivront le même mode de diversité, c'est-à-dire, que jamais ils ne seront tout-à-fait du même genre. Ils ne pourront cependant, procéder de l'un et de l'autre; mais l'intention de MM. Bouton et Daguerre n'est pas d'abuser de ce moyen, ils n'en useront dans leur composition que pour rendre sensible aux amateurs, la différence qu'il y a entre la nature morte et la nature animée.

Les tableaux du *Diorama* sont peints à l'huile. Ils sont exécutés sur les proportions de 80 pieds de largeur sur 45 de hauteur; de telle sorte qu'il vise du point perspectif qui est supposé être le centre de la salle ronde qui reçoit les spectateurs, tous les objets des tableaux affectent la forme et les dimensions de la nature.

Les auteurs du *Diorama* ont donné pour la perfection de leurs tableaux, à la forme plane, la préférence sur la forme circulaire adoptée dans les panoramas. Celle-ci n'est utile que dans la représentation d'une étendue de pays considérable, surtout quand on a intérêt à rendre dans tous les sens l'horison du lieu qu'on veut figurer.

Plusieurs changemens apportés au genre des panoramas, et dont il serait trop long d'énumérer ici les conséquences avantageuses, ont été pratiqués avec un grand bonheur par MM. Daguerre et Bouton dans la conception du *Diorama*. Le public appréciera leurs résultats, sans s'informer des causes qui les ont assurés, et les connaisseurs les goûteront en analisant des moyens qu'ils devineront sans doute facilement.

L'exécution des tableaux est fort soignée. Ce fini, quand il est apporté [avec discernement et par une main habile dans la facture d'un grand ouvrage, est un mérite réel. Les panoramas ont toujours un peu manqué de ce genre de mérite; aussi quelquefois la perspective aérienne a-t-elle pu y paraître négligée.

Tous les procédés d'*animation* mis en usage au Diorama sont d'une grande simplicité. Les auteurs ont rejeté tout ce qui pouvait avoir l'apparence du charlatanisme. Un appareil peu compliqué, et qui produit les effets les plus extraordinaires, donne le mouvement apparent à la lumière et produit, dans les formes des objets éclairés, les changemens désirés.

MM. Bouton et Daguerre n'ont pas même voulu isoler le spectateur dans un espace privé de clarté. La salle est éclairée par un plafond transparent chargé d'ornemens de différentes couleurs, dont des tableaux, faits autrement que ne le sont ceux du Diorama, pourraient craindre le voisinage. La vivacité de ces tons brillans n'est point nuisible à l'effet des ouvrages exposés, c'est une grande preuve en faveur de la bonté du système des auteurs.

La salle du *Diorama* reçoit, d'un mécanisme ingénieux, la faculté d'un déplacement nécessaire, pour passer d'un aspect à un autre. Elle tourne sur elle-même sans que le spectateur s'en aperçoive autrement que par l'observation d'altérations successives dans les couleurs des ornemens du dôme de la salle. Le mécanisme appliqué à la rotonde est d'ailleurs d'une telle solidité qu'il pourrait supporter trois fois autant de personnes que la salle en pourrait contenir. Les dames n'y verront donc pas un motif d'appréhension, peut-être y trouveront-elles un agrément.

La salle est décorée avec goût. On a placé dans la grande loge qui est près du centre de perspective, des lentilles concaves qui prêtent aux tableaux une phisionomie particulière, en diminuant les proportions des objets et en les éloignant par l'apparence.

Les tableaux exposés maintenant au *Diorama* sont :

1°. UNE VUE INTÉRIEURE DE LA CHAPELLE DE LA TRINITÉ. (Cathédrale de Cantorbery). *Angleterre.*

2° UNE VUE DE LA VALLÉE DE SARNEN (*Suisse.*)

Nous allons donner l'explication de ces deux morceaux de peinture.

VUE INTÉRIEURE

DE

LA CHAPELLE DE LA TRINITÉ,

CATHÉDRALE DE CANTORBERY. *Angleterre.*

Cantorbery, une des villes remarquables de l'Angleterre, est située dans la partie orientale du comté de Kent, sur la rivière appelée Stour, à 18 lieues S.-E. de Londres, 6 N.-O. de Douvres, et 3 1/2 du rivage de la mer.

Cette ville, réputée plus ancienne que la vieille Rome, fut appelée *Durovernum* et *Duroberia* par les Romains, *Cant-Wara-Burg* par les Saxons, et par les Anglais *Canterbury* (dont nous avons fait *Cantobery*), nom qui lui fut donné en général depuis la conquête des Normands.

Dès son origine, Cantorbery fut une ville considérable; au temps des Saxons, elle fut déclarée capitale de Kent (alors royaume), et le roi la choisit pour sa résidence. En 596, Ethelbert s'étant converti au christianisme, ce monarque donna son palais à Saint-Augustin; ce séjour donné ainsi à titre d'apanage pieux devint l'habitation ordinaire du saint prélat et celle des archevêques, ses successeurs. Cantorbery fut érigé bientôt en métropole de la Grande-Bretagne, peut-être parce qu'elle possédait la *cathédrale* et *Saint-Augustin*, superbes monumens, dont le premier, malgré de nombreuses révolutions qui ont réagi des hommes sur les édifices, est encore aujourd'hui un des plus beaux morceaux en ce genre.

C'est la chapelle principale de cette église que les auteurs du *Diorama* ont choisi pour le sujet d'un de leurs tableaux. Avant de parler en détail des localités reproduites par le pinceau, il ne sera peut-être pas sans intérêt de rappeler quelques-uns des faits qui se rattachent historiquement à la cathédrale de Cantorbery et à la chapelle de la Sainte-Trinité.

L'événement le plus important, entre tous ceux qui ont rapport à cet édifice, est le meurtre commis, le 29 décembre 1170, sur la personne de *Thomas Becquet*, archevêque de Cantorbery, par ordre du roi Henri II. Les causes qui motivèrent cet attentat sont assez curieuses pour être rapportées ici.

Thomas Becquet, nommé chancelier d'Angleterre, en 1160, ne vécut pas long-temps en bonne intelligence avec le souverain. L'origine de leurs dissentions est attribuée au zèle ardent que l'archevêque-chancelier montra en diverses circonstances pour le maintien des priviléges de son église. Une accusation grave portée contre *Becquet*, relativement à sa gestion comme chancelier, le conduisit devant les pairs du royaume où il refusa de se défendre, alléguant sa qualité archiépiscopale, boulevard inexpugnable selon lui, et présomption de presque infaillibilité. Condamné à la réclusion par la réunion des pairs tant ecclésiastiques que séculiers, il se retira à l'abbaye de Pontigny, et de là auprès du roi de France, *Louis le Jeune*. Pour se venger de l'iniquité de ses juges, il lança un anathème d'excommunication qui frappa la plus grande partie des conseillers de *Henri II*. Le monarque lui-même encourut la colère du saint prélat; il fut menacé du destin de Nabuchodonosor. L'idée d'une telle métamorphose parut si offensante à Henri II, qu'il résolut de punir un jour l'insolent qui s'était permis de faire des prédictions de si mauvais augure. Cependant le roi de France fit un traité d'alliance avec le prince anglais, et ménagea une réconciliation entre lui et le prélat irrité. La paix fut conclue entre eux, et tous les avantages du raccommodement furent pour l'archevêque de Cantorbéry.

Thomas Becquet revint en Angleterre en 1170, et les discordes recommencèrent aussitôt; la paix signée entre deux ennemis, fussent-ils rois ou prélats, ne peut être sincère. Becquet signala cette rupture par de nouveaux anathèmes; il excommunia des évêques, des chanoines, des curés qui s'étaient déclarés contre lui, et l'archevêque d'Yorck, qui en son absence avait sacré le fils de *Henri*, associé à la couronne. Des plaintes furent portées au roi qui ne put apaiser Thomas, qu'enflammait ce qu'il nommait, peut-être avec exagération, l'amour de Dieu. *Henri II* était alors dans son château de Bures, près de Caen ; fatigué de ces différens que le caractère de Becquet semblait devoir rendre interminables, et personnellement irrité contre lui, il s'écria dans un accès d'emportement : *Est-il possible qu'aucun de ceux que j'ai comblés de mes bienfaits, ne me venge d'un prêtre qui trouble mon royaume ?* Cette parole ne fut pas perdue, elle germa dans le cœur de quatre de ces hommes toujours prêts par ambition à montrer leur zèle à satisfaire les vengeances des princes. Ces quatre gentilshommes passèrent le détroit et abattirent à leurs pieds le prélat qui célébrait à l'autel l'office religieux.

Ses vertus épiscopales, et sans doute aussi, ces intérêt puissant qui s'attache aux souvenirs de persécutions injustes couronnées par un attentat odieux, décidèrent le pape, Alexandre III, à lui conférer les honneurs de la légende et à le canoniser sous le nom de Saint-Thomas de Cantorbery.

Après qu'il eut assouvi sa haine, *Henri*, qui n'avait pas craint de souhaiter la mort de Becquet et de passer pour un meurtrier, craignit d'attirer sur sa tête les foudres de Rome ; il fit au pape de soumissions respectueuses, protestant de son innocence, et désavouant le zèle de ses agens. Pour calmer l'opinion publique, qui par ses rumeurs, vengeait la mémoire de Becquet, et imposait au roi la nécessité de s'humilier devant l'ombre de la victime, *Henri* alla solennellement, en 1174, nu-pieds, au tombeau de Taumaturge, et se soumit à la pénitence que voulurent lui imposer les religieux gardiens du mausolée ; cette pénitence consistait en coups de discipline appliqués un à un sur ses épaules royales.

La tombe de Thomas Becquet fut placée secrètement dans le souterrain, de l'est de l'église cathédrale qui s'appelait alors (quatre ans avant l'incendie de 1174) Eglise du Christ, et qui prit, de cette consécration, le nom de Saint-Thomas-le-Martyr. Cette tombe fit des miracles, à ce que disent les moines, qu'enrichissaient ces dons faits à la châsse miraculeuse. Ces dons retournèrent au surplus au profit de l'église ; ils servaient à sa restauration et à son entretien, jusqu'à l'époque de la réforme et de la suppression du Prieuré.

Ce fut dans la CHAPELLE DE LA TRINITÉ (celle dont le spectateur voit la représentation), que les cendres de Becquet furent transférées le 7 juillet 1220. Cette cérémonie devint l'occasion de plusieurs fêtes religieuses auxquelles prirent part le légat du pape, les archevêques de Rheims et de Cantorbery, et le roi d'Angleterre. Le cercueil qu'on plaça dans la nouvelle dépense fut transporté ensuite sur cette rosace de marbre

(11)

qu'on voit dans le tableau un peu au-dessus des
degrés où dorment les ouvriers occupés aux répa-
rations actuelles de l'église. Depuis ce temps, on
replaça les reliques du saint, et on les déposa dans
une chapelle située au milieu du chœur, au-dessus
de l'autel principal qui, relativement au tableau
exposé, se trouve situé au centre de perspective,
c'est-à-dire à la place même de la salle. Cet
autel est séparé de la chapelle de la Trinité par
une barrière ornée de décorations en relief, qui
laissent voir au travers de ses ouvertures la
partie que nous apercevons à découvert, et qui se
déploie à nos yeux sans l'interposition d'aucun
obstacle.

La chapelle de la Trinité est d'une architecture
gothique riche, à trois rangs de colonnes superpo-
sées, dont le rang inférieur présente, à certains intervalles, des colonnes triples et accolées les unes aux
autres. Des vitraux de grandes dimensions servent
d'introducteurs à la lumière ; ces vitraux sont
modernes, à l'exception de quelques anciens débris, qui n'ont au surplus qu'une valeur médiocre.
Les fenêtres de la galerie qui règne autour de la
nef curviligne qui se montre toute entière à nous,
et dont la plus grande largeur affecte la figure
d'un quadrilatère élargi vers sa base, les fenêtres
de cette galerie, disons-nous, n'ont rien de remarquable dans leur forme, et ne diffèrent point
en cela de celles du reste de l'édifice, qui sont peu

belles, si l'on excepte celle qui occupe la première
place du côté de l'ouest. Celle-là, d'un fort bon
style gothique, fut faite l'an 1400, vers la fin
du règne de Richard II; quelques personnes lui
préfèrent les fenêtres qui se trouvent dans la
partie supérieure de l'église.

Quatre tombeaux occupent au nord et au sud
de la chapelle de la Sainte-Trinité, les intervalles
pratiqués entre les piliers, au troisième plan.

Le premier tombeau à droite, c'est-à-dire celui
qui est le plus raproché du spectateur de ce côté,
est celui d'Édouard, connu sous le nom du prince
noir. Édouard fut enterré dans cette métropole,
parce qu'il mourut en 1376 dans le palais de l'archevêque. L'effigie du prince est en cuivre doré,
armée de pied en cap; la cotte d'armes, les gan-
telets et le fourreau de l'épée de ce guerrier sont
suspendus au-dessus du monument; quant à l'épée,
elle a été, dit-on, enlevée par Olivier Cromwel.
Les détails de ce tombeau échappent aux regards
du spectateur, à cause de l'éloignement du plan
sur lequel se trouve le cinquième pilier auquel il
est presque adossé; ils sont dissimulés d'ailleurs
par une grille de fer, qui garantit le mausolée des
atteintes des hommes.

Le second tombeau de ce même côté, est celui
de Ode de Coligny, évêque élu de Beauvais, qui
fut empoisonné en 1571 par des chrétiens, qui crai-
gnirent de le voir embrasser la religion protes-

tante. C'était dans ce desssein qu'il était venu à Londres. Ce monument funèbre est encore plus singulier par sa forme qu'il n'est simple dans ses ornemens ; il ressemble à un parallélipède rectangle, dont la surface supérieure serait semblable à une section perpendiculaire faite dans un cylindre ; à une malle, par exemple.

Le premier monument à gauche, celui qui est au nord du tombeau d'Édouard, auquel il fait pendant dans le tableau, a été élevé à la mémoire de Henri IV d'Angleterre et de la reine Jeanne de Navarre. Les deux époux sont représentés couchés sur leur mausolée, selon la coutume des 14e, 15e, 16e et 17e siècles ; ils sont dans leurs habits royaux. Cet ouvrage, d'un beau travail, est de marbre blanc. Sur le mur du nord, est un petit oratoire invisible aux personnes qui sont placées comme nous le sommes ici ; il fut fondé pour que des prêtres priassent pour la reine et pour le roi.

. Le quatrième de ces tombeaux, celui sur lequel on remarque une statue agenouillée, est le dernier asile du premier doyen protestant de la cathédrale de Cantorbery. Ce doyen se nommait Wootton ; il mourut en 1565. La statue qui le représente est belle ; la tête en est surtout remarquable. Wootton l'avait fait exécuter pendant son séjour à Rome, d'où il l'apporta, ordonnant expressément qu'elle figurât dans la composition de son tombeau.

Au fond de la chapelle, on remarque un siége

gothique d'une coupe bizarre. Ce siége était, dit-on, destiné à l'archevêque qu'on *intronisait*; il l'occupait le jour de son installation.

Sur le premier plan du tableau, jetés çà et là, des détails pleins de vérité et de sentiment local ajoutent encore à l'illusion si étonnamment produite par les lignes de perspective et par l'heureuse application d'une couleur naïve à ces mêmes lignes. Ces détails consistent en instrumens propres aux travaux de maçonnerie, en marbres brisés ou préparés pour les restaurations de l'escalier, en ustensiles, tels que cruche, pinte de plomb, etc., à droite deux ouvriers dorment; à gauche, à côté du tombeau d'Henri IV, une femme prie.

Pour compléter cette notice historique du vaste monument dont la chapelle de la Sainte-Trinité fait partie, nous pourrions nous jeter dans quelques dissertations chronologiques et archéologiques sur les diverses époques des restaurations de la cathédrale, sur les incendies qui les occasionnèrent; nous intéresserions peut-être aussi par le récit des traits principaux de l'histoire de la ville elle-même, mais nous nous écarterions trop du but que nous nous sommes proposés de décrire des tableaux et non de faire des digressions historiques à propos de tableaux. Dans les notices de la nature de celle-ci, il ne faut faire intervenir l'histoire que lorsqu'elle est indispensable pour peupler une solitude, veuve de souvenirs.

VALLÉE
DE SARNEN.

La vallée de *Sarnen* prend son nom d'un bourg situé au canton d'*Underwald* (Suisse) à trois lieues s. o. d'Alpanach, cinq lieues s. o. de Stanz, 11 lieues s. s. o. de Lucerne, 150 lieues E. s. E. de Paris.

Cette vallée est une des plus délicieuses, entre celles qui font de la Suisse une contrée enchanteresse ; environnée de tous côtés de montagnes pittoresques par leur élévation, par leurs formes particulières, et par la réunion des lignes gracieuses que ces profils déterminent entre eux ; dominée par *le Pilate* aux sept pics et par *le Rigi* (reine des montagnes) si imposant dans ses dimensions ; traversée par une petite rivière, arrosée par une foule de sources limpides, rafraîchie par les vapeurs humides d'un lac et de plusieurs cascades, rien ne manque à cet espace de trois lieues environ, pour en faire un des sites les plus agréables de l'Europe.

Le bourg de Sarnen n'a, en lui-même, rien qui puisse le faire remarquer ; il est formé d'un petit nombre d'habitations construites avec assez d'élégance, mais dont l'ensemble n'offre qu'un aspect commun. Les auteurs du *Diorama* ont pensé qu'ils pourraient se dispenser de présenter

la vue de ce village, et qu'il vallait mieux porter
tout l'intérêt sur la vue générale de la vallée.

Sarnen est situé au pied et sur le revers intérieur de la petite montagne, cachée dans le tableau
par le grand Chalet qui occupe le premier plan à
droite des spectateurs.

Le grand chemin qui partage ce tableau con-
duit à Sarnem, où il entre à son second détour.
Ce chemin, nouvellement élargi, est celui qui
mène à Lucerne en passant par Kœrms, Wei-
sehrlen, Rohren, Winkelriad et Stanz, petit
bourg historique pris par les Français en 1798.

Il faut, pour distinguer avec plus de facilité
les uns des autres, les pics des montagnes qui
bordent l'horison du tableau, et les différens
lieux ou points qui sont répandus sur la surface
du paysage, il faut adopter une marche uniforme.
Celle qui se présente le plus naturellement est
l'examen détaillé des différens objets qui frappent
la vue en allant de gauche à droite (du spectateur (c'est-à-dire de l'est à l'ouest du pays.

La première sommité qui apparaît dans cette
situation esé celle de l'Arni, montagne, qui domine d'un côté une partie de la vallée de Sarnen,
jusqu'à Gieswyl, et de l'autre la vallée de Mel-
chthal. Cette montagne est élevée de 4,030 pieds
de France au-dessus du niveau de la mer. (L'Arni-
Berg est numéroté :

1 — Sur le plan figuratif distribué dans l'éta-

blissement. Nous allons suivre l'ordre de numéros employé par MM. Daguerre et Bouton.

2. — Le second sommet en allant de l'est à l'ouest, comme plus haut, est connu sous le nom de rocher de Sachslen au-dessous duquel se trouvent:

3. — Le bois et la montagne de Sachslen. *Sachslen*, qu'on n'aperçoit pas, est un village peu éloigné de Sarnen. Il est situé sur le bord du lac que nous voyons au centre du tableau, et sur le revers nord de la montagne qui porte son nom. Le trajet de Sarnen à Sachslen par le chemin (22) qui borde le lac est fort agréable. Sachslen possède le tombeau de *Nicolas Flüe*, célèbre dans l'histoire de la Suisse. Ce sarcophage moderne est l'objet d'un grand nombre de pélerinages.

4. — La montagne couverte de neige, celle sur les formes et la couleur de laquelle les rayons du soleil font les plus vives impressions, est nommée *Wildgert-Horn*. Le Wildgert-Horn appartient au canton de Berne; il est élevé de 7,800 pieds au-dessus du niveau de la mer.

5. — Montagne blanchie par la neige, sur un plan plus reculé que le Wildgert-Horn ; elle justifié dans le tableau par le ton de son coloris, le nom qu'on lui donne de *Schwartz Horn* (sommet noir). Cette sommité très-élevée domine les vallées de Glassi et Guinderwald.

6 et 7. — Au-dessus du *Schwartz-Horn* et du

Wildgert Horn sont deux têtes de montagnes apparentes au milieu des vapeurs violâtres qui colorient le dernier plan du tableau ; l'une de ces têtes est le sommet de l'*Oltschi*, l'autre est le sommet du *Burg*. Ces deux montagnes appartiennent au canton de Berne.

8. — Coteau qui paraît être la continuation d'une chaîne de montagnes dont le *Burg* et l'*Oltschi* sont deux sommets principaux ; et le passage du *Brunig*, montagne très-étendue au sud du canton de Berne, qu'il domine d'une hauteur de 5,865 pieds.

9. — Sur un plan plus rapproché de l'œil du spectateur, une immense colline bleuâtre qui s'étend des pics apparens du *Brunig*, jusqu'au coteau boisé de Schwendi, dont nous parlerons tout-à-l'heure, est couronnée par trois pics aigus dont le premier (9) est nommé *Burglen-Stock*, qui est baigné à sa base par le lac de *Lungern* ; (11) le second s'appelle *Gilwyller-Stock* ; il est élevé de 6,280 pieds au-dessus de la mer.

12. — Le troisième a nom *Nessel-Stock*, et quoique, par l'effet de la perspective, il paraisse moins élevé que les deux premiers, il l'est cependant plus qu'eux, car on compte qu'il est de 6,400 pieds au-dessus du niveau de la mer.

10. — En nommant successivement les profils qui appartiennent à la grande montagne qui termine, au nord, le canton d'Underwald, nous avons

négligé de nommer un triple sommet qui surgit dans le premier plan, entre le *Burglan-Stock* (9) et le *Gilwyller-Stock* (11). C'est la partie la plus haute du mont *Brunig*. A sa plus grande hauteur, ce sommet, le *Wyller-Horn*, a 6,000 pieds environ au-dessus de la mer.

13 — La cime de la montagne, couverte de bois de haute futaie, et sur laquelle la pluie tombe abondamment au moment de l'orage qui obscurcit le tableau à certains intervalles de temps, est celle de l'*Ander-Halden*. Cette partie s'appelle le bois de Schwendi.

14 — A mi-côteau et sur le plateau que forme la discontinuité de l'*Ander-Halden* (17) et la base du *Globen-Stock* (15), se trouve le village de *Schwendi*, qu'il ne faut pas confondre avec celui de *Schwand*, situé à quelques lieues E. de Sarnen sur le penchant du *Welen-Stock*. Ce village de *Schwendi* compte plusieurs ateliers de sieries de planches.

15 — Comme nous venons de le dire, le petit sommet qui apparaît à droite du bois de *Schwendi* est celui du *Globen-Stock*, qui finit le canton d'Underwald, et commence celui de Lucerne.

16 — La montagne la plus rapprochée de nous celle qui termine à droite le tableau, se nomme le *Bruccleren*; elle est bordée et couverte de jolies habitations qui dépendent de la commune de Sarnen.

17 — L'*Ander-Halden* qui borde le lac dans toute sa longueur à droite.

18 — Fabrique, simple dans son architecture, surmontée d'un petit clocher et recouverte en tuiles rouges ; c'est l'église neuve de Sarnen.

19 — le lac de Sarnen étendu au nord, dans une position invisible, jusqu'au pied de l'*Arni-Berg* ; la navigation en est assez dangereuse, d'abord parce qu'il présente quelques passages difficiles, ensuite parce que des bateliers presque toujours ivres, sont les seuls à qui les voyageurs peuvent confier leur sûreté. Le lac est élevé de 1580 pieds au-dessus du niveau de la mer.

20 — Près de la petite rivière d'*Aa* (28), à droite, est un ancien couvent de capucins très-agréablement situé.

21 — Aux pieds de *Burglen-Stock* (9) au-dessus du goulet apparent que forment dans le lac cette montagne, et le bois de *Sachslen* (3), se trouve le *Gros-Giswyl*, village assez considérable, à peu de distance du *Giswyl*, bourg situé à peu près à distances égales des lacs de *Sarnen* et de *Lungern*.

22 — Chemin de *Sarnen* à *Sachslen*, à *Eywiel*, à *Rudenz*, à *Lungern* et à *Brientz*.

23 — Bois de sapin auquel Sarnen donne son nom.

24 — Au-dessus du bois, partie de montagnes, côteaux, etc. appelés *Fchli-Halden*.

25 — Portion de la forêt de Sarnen , on aperçoit dans la prairie , des troupeaux épars et des pasteurs du canton.

26 — Chemin dont nous avons parlé au commencement de cette description.

27 — Chalet élégant , propre et commode où les voyageurs trouvent un asile qui leur est offert avec une cordialité toute patriarchale , par un vieillard dont le nom est respecté dans le canton.

28 — Rivière de l'Aa.

Enfin sur le devant une fontaine d'eau vive et bouillonnante , à laquelle les auteurs du Diorama ont imprimé le mouvement de la nature.

Nous ne pouvons entrer dans aucun détail relativement au procédé secret qu'ont employé MM. Daguerre et Bouton pour animer le paysage dont nous venons d'indiquer les points les plus apparens ; nous nous contenterons d'appeler l'attention des spectateurs sur ces modifications successives, de formes et de lumières qui reproduisent avec la plus grande vérité les accidens de la nature, si variable surtout dans la forme qu'elle prête aux vapeurs et aux nuages qui n'en sont que des modifications.

Une réflexion frappe l'esprit à l'aspect de la *vallée de Sarnen*. On se demande si un pays que la nature a favorisé si prodigieusement, peut être la terre classique de l'esclavage ; une observation

générale et un fait répondent que non ; l'observation, la voici : un pays riche en productions et
grand par ses harmonies, ne peut jamais être le
domaine de la tyrannie ; le fait, le voilà : c'est non
loin de Sarnen qu'Arnold, l'un des libérateurs
de la Suisse, prit naissance ; c'est près de là que
Furts, Stauffach et Arnold se réunirent pour
jurer la délivrance de leur patrie ; c'est enfin dans
cette contrée que Guillaume Tell frappa de mort
l'insolent bailli Gessler, et que la Suisse recon-
naissante fonda une chapelle en l'honneur du
héros de la liberté. Cette chapelle est un monument très-simple dont M. Panckouke, libraire,
possède dans sa maison de campagne, à Fleury-
sous-Meudon, une répétition fort exacte, exécutée
par ses soins et ornée de peintures achetées à
Truenacht, ou faites par cet amateur des arts.

FIN.

IMPRIMERIE DE CONSTANT CHANTPIE